Siegfried Einstein

Michael Ilg und David Pfeffer (Hrsg.)

Unvergessliche Tage in Leningrad – Taschkent und Samarkand

Siegfried Einstein

Michael Ilg und David Pfeffer (Hrsg.)

Unvergessliche Tage in Leningrad – Taschkent und Samarkand

Rediroma-Verlag

Bibliografische Information der Deutschen Nationalbibliothek:
Die Deutsche Nationalbibliothek verzeichnet diese Publikation in der Deutschen Nationalbibliografie; detaillierte bibliografische Daten sind im Internet über http://portal.dnb.de abrufbar.

ISBN 978-3-98885-467-4

Umschlagillustration: Alexander Reich

www.rediroma-verlag.de
8,95 Euro (D)

Inhalt

Vorwort

Von Laupheim nach Samarkand und wieder zurück könnte der Titel dieses Buches lauten. Siegfried Einstein, in der oberschwäbischen Kleinstadt geboren und auch begraben, kehrte nach dem Zweiten Weltkrieg nur schweren Herzens in die Stadt seiner Vorfahren zurück. Vor allem um die ehemalige Haushälterin seiner Eltern und insbesondere um das Grab seiner früh verstorbenen Schwester Clärle zu besuchen, die 1933 beim Wandern von einem Blitz getroffen wurde. Ihren Tod konnte er sein Leben lang nicht verarbeiten. Nach Besuchen in seiner Heimatstadt ging es ihm immer schlecht und er war mehrere Tage melancholisch. Aber wieso spielt Laupheim hier überhaupt eine Rolle?

Es scheint, dass das jüdische Leben in Laupheim nur noch anhand von Biografien nachgezeichnet werden kann. Lebensläufe wie die von Gretel Bergmann, Hertha Nathorff, Carl Laemmle, Kilian von Steiner, Friedrich Adler und Siegfried Einstein, dessen späte Reiseberichte in diesem Buch erstmals ediert werden. Es ist das Privileg der Historiker und somit der Herausgeber dieses Bandes scheinbar verlorene Geschichte(n) und

Biografien in teilweise mühevoller Kleinarbeit wieder zu Tage zu bringen. Das gemeinsame Interesse der Herausgeber an jüdischer Geschichte in Deutschland und die Herkunft aus Oberschwaben war der Beweggrund sich näher mit dem Leben und Werk von Siegfried Einstein zu beschäftigen. Bei der Lektüre seiner bisher veröffentlichten Werke stießen wir immer wieder auf Verweise auf das von Einstein geschriebene Buch *„Unvergessliche Tage in Leningrad – Taschkent und Samarkand“*.

Anscheinend soll es publiziert worden sein, aber nach einiger Recherche mussten wir feststellen, dass er es nie vollständig abgeschlossen und veröffentlicht hatte. Es sind zwar einige seiner Kurzgeschichten in den Feuilletons der deutschsprachigen Presselandschaft erschienen, aber nie das ganze Werk.

Durch Ester Graf, die das letzte Buch anlässlich des 100-jährigen Geburtstags von Siegfried Einstein herausbrachte und der wir an dieser Stelle herzlich danken möchten, hatten wir das große Glück, Ilona Einstein, die Ehefrau Siegfried Einsteins kennenzulernen. Mehrmals hatten wir das große Vergnügen, sie in Mannheim besuchen zu dürfen, wo sie uns viele spannende Geschichten aus dem Leben und der Person Einsteins erzählte.

Sie gab uns schließlich die Erlaubnis, die von uns in der Zwischenzeit im Mannheimer Stadtarchiv gesichteten Geschichten, als Buch zusammenzufassen und zu publizieren. Ohne sie wäre als dies nicht möglich gewesen. Wir schätzen uns außerordentlich glücklich, dass wir sie kennenlernen durften und hoffen auf weitere schöne Besuche in Mannheim. Auch ihr gilt unser großer Dank. Alexander Reich danken wir für die Gestaltung des Bucheinbandes.

Nachdem wir nun die Erlaubnis von Ilona Einstein bekommen hatten, machten wir uns an die nicht selten mühevolle aber immer erfüllende Arbeit, die verschiedenen Versionen zu ordnen, zu transkribieren und als Manuskript zu vervollständigen.

Aber an einigen Stellen machte es uns Siegfried Einstein auch einfach. Eine wohl aus den 1970er Jahren stammende Liste, machte uns die Anordnung der Geschichten leichter.

Auch in einigen Briefen und Vorträgen teilte er uns und nun Ihnen mit, wie es zu seiner Reise von Moskau, nach Leningrad (St. Petersburg) und Samarkand kam:

„Im Juli und August des Jahres 1962 weilte ich in Moskau und Leningrad, in Sagorsk, Pusckino und Petrovorets, in Taschkent und Samarkand.

Die Reise nach Moskau verdanke ich einem Mann, [...] Dr. Friedrich Ferber und seine[r] Frau Anna. Sie haben in den Jahren Hitlers und Himmlers tapfer und treu und unerschrocken zu ihren jüdischen Freunden in Deutschland gehalten – und nie in all den verflossenen Jahren ist ein Wort darüber verloren worden. [...] Dr. Ferber hatte mich vorgeschlagen für jenen großen Kongress in Moskau, besucht von Intellektuellen aus über 20 Ländern.

Ich traf mich an der Moskwa mit [Jean Paul] Sartre und Anna Seghers, mit Stephan Hermlin und Marcos Ana, mit dem israelischen Poeten Avraham Shlonsky und mit dem großen und langen Aharon Meskin von der Habimah [Israelisches Nationaltheater] mit bedeutenden Germanisten aus Paris, mit Romanisten aus Prag. Ich traf mich wiederholt mit dem israelischen Botschafter und dem Generalkonsul Naor aus Zürich. Es waren turbulente Tage.

Im Schriftstellerverband zu Moskau hielt ich eine Rede. Ich sprach aus, was ich im Flugzeug aufgezeichnet hatte. Und also begann ich:

Tief unter mir lag das weite Land. Ich kannte es aus den alten Heldengesängen, den Märchen und Sagen. Ich kannte die Steppengebiete beiderseits des Dnjepr aus den Büchern der Dichter. Ich kannte die kleinen hölzernen Wirtshäuser, die an den Straßen des weiten Russland stehen. Ich kannte die wasserdampfbeschlagene Teemaschine, den Eckschrank voller Kannen und Tassen für den Tee. Ich kannte die morbiden Gutsbesitzer und das System „der Zwangsarbeit, der weißen Leibriemen und blauen Röcke der Staatspolizei“. Ich kannte das alles durch Alexander Herzen, Nikolai Gogol und Fedor Michajlowitsch Dostojewskij. Und noch etwas kannte ich, als ich gestern in einem stählernen Vogel am hellen Tag über Dörfer und Städte, über Wiesen und Wälder, über Bäche und Flüsse flog: ich kannte die Gedanken vor der Nacht, diese ursprünglichen, von einem unbändigen künstlerischen Temperament zeugenden Gedanken des Wladimir Majakowskij:

Passen Sie auf!
Wenn man die Sterne abends ansteckt –
heißt das nicht, das sei nötig für einen?

Heißt das nicht, dass jemand das brauche?
Heißt's nicht, dass diese Spuckflecken wem als
Perlen erscheinen?

Konstandin Fedin, auch „Thomas Mann von der Wolga" genannt, der problematische Altmeister, im Ersten Weltkrieg in Deutschland interniert und heute noch ein brillantes Deutsch sprechend, umarmte mich spontan. Am nächsten Tag brachte er mir eines seiner Bücher („Sanatorium Arktur") mit folgender Widmung ins Hotel Peking:

Für Siegfried Einstein als ein Andenken an die Moskauer Begegnung im Juli 1962
herzlich Konstantin Fedin.

Und dann folgte die Einladung des so heiß umstrittenen, geehrten und gehassten Ilja Grigorjewitsch Ehrenburg. Siegfried Maxowitsch Einstein ward zum Tee geladen: in die Gorkijstraße 8, Wohnung 48

[...]

Ehrenburg und Fedin hatten im Schriftstellerverband durchgesetzt, dass ich mir eine Reise durch die

Sowjetunion wünschen konnte. Ich wollte mal bescheiden sein und sagte, dass mir Moskau genügend zu bieten habe ... Doch Fedin lächelte. Eine Einladung, so sagte er mir, dürfe man nicht ablehnen, wenn man von russischen Freunden aufgefordert sei ... Eine große Karte ward vor meinem Auge ausgebreitet. Also: Nach Wladiwostok – Bitte sehr! Warum nicht? Wieder schien es dem Sohn meines unvergesslichen Vaters Max D. Einstein zu viel der Ehre. Es wär‘ doch eine Chuzpe, sagte der bessere Maxowitsch in mir. Andrerseits: Dieses Riesenreich. Diese einmalige Gelegenheit. Umsonst. Wird sich nie mehr bieten!

Und da zeigte ich denn mit dem Finger [...] auf Leningrad.

Leningrad, selbstverständlich! Sagten die berühmten Schriftsteller an der Moskwa. Aber wohin dann?

Nein, das genügt!

Bitte! Nennen Sie noch ein Ziel!

Ich gestehe heute, dass es reiner Zufall war: Mein Blick fiel einfach auf Samarkand. Und weil ich schon als Junge neben Karl May den Tamerlan so bewundert hatte, darum sagte ich nun mit unüberhörbarer Begeisterung: Ja, Samarkand!

Mein Dolmetscher, Jan Genrichowitsch Vogeler, der Sohn des einst so berühmten Malers und Revolutionärs Heinrich Vogeler aus Worpswede, sollte mein Begleiter werden. Wir haben später Freundschaft geschlossen: aufrichtige Freundschaft. Er erzählte mir Dinge über hochgestellte Genossen, die ihn leicht hinter Gitter hätten bringen können – und ich gab ihm diese Hand hier. Und das war ein Schwur. Uns so wird kein Mensch je erfahren, was Jan Genrichowitsch über den und jenen weiß und sagt, wenn er einem vertraut. Auch in Moskau, so hab ich damals begriffen, gibt es Treue und Freundschaft, Vertrauen und Anstand. Und wenn ich im Juni des Jahres 1967 um Israels willen mit vielen und vielem gebrochen, so bleibt doch noch immer die Wahrheit: Einem Freund an der Moskwa darfst du mindestens so sehr vertrauen wie einem Freund an Neckar und Rhein. Und Sie dürfen mir das glauben.“

Begonnene Kapitel über Jan Vogeler, seinem Dolmetscher, Lew Kopelew, Begegnungen in Moskau und Leningrad, Begegnungen mit jüdischen Schriftstellern, über Fedins Werk und weitere hat Einstein leider nicht fertiggestellt. In einem Brief an Lew Kopelew erklärt er warum:

„Nur: der Kritiker, der Tagesschriftsteller Einstein stiehlt dem Siegfried Maxowitsch so viel kostbare Zeit!!!“

Trotz dessen stellte er ein Dutzend Kurzgeschichten und Gedichte fertig, die sie hier zum ersten Mal lesen können.

Der Blick Siegfried Einsteins auf die Sowjetunion der 1960er Jahre ist ein literarischer, kein dokumentarischer. Sein Reisebericht beschreibt die Sowjetunion als fernes und rätselhaftes Land, das zur Projektionsfläche für ihn und seine Leser wird. So müssen Einsteins Reiseberichte, wie alle historischen Quellen, kritisch, aber auch aus ihrer Zeit heraus betrachtet werden. Dies wird besonders deutlich in den Passagen über Usbekistan, bei denen Einstein sogar nach eigenem Bekunden an den exotisierenden Blick eines Karl May anknüpfte.

Trotz des an vielen Stellen zutage tretenden Zeitgeistes, der viel über den westlichen Blick auf Russland und Asien verrät, zeugen Einsteins Reiseberichte von der vielfältigen und multiethnischen Kultur der Sowjetunion und nicht zuletzt vom jüdischen Leben in einer sozialistischen Diktatur.

Landgraf Hermann in der Oper zu Taschkent

Im Opernhaus zu Taschkent spielt man Lope de Vega. Landgraf Hermann von Thüringen ist zur Premiere mal rasch in die Hauptstadt Usbekistans heruntergekommen. Freund der Dichtkunst – so ward er bei seinem Tod im Jahre 1217 genannt – lehnt er sich genüsslich in seinen Sessel zurück, dem Sängerkrieg vor seiner Wartburg zu folgen. Wie haben sich doch diese Usbeken angestrengt, den Sammelplatz der gepriesenen Sänger auf dieser Bühne nachzubilden! Haben sie etwa absichtlich die Zwingburg Lope de Vegas im Wartburg-Stil errichtet? Bei Walther von der Vogelweide! So etwas hat der seit 750 Jahren im Himmel singende und dichtende Landgraf Hermann in Usbekistan nicht erwartet. Vergnügt trommeln seine Knochenfinger auf dem dunkelroten Sammet.

Ich beuge mich in meiner Loge etwas nach vorn und flüstere:

„Wie geht es Herrn Ludwig dem Springer?“

„Danke, den himmlischen Umständen entsprechend“, gibt der Landgraf flüsternd zurück.

„Meinen Herr Landgraf nicht, er würde seine Wartburg nach 900 Jahren hier wieder erkennen?"

„Er würde!" sagt Landgraf Hermann im Brustton der Überzeugung, ohne die Rechte nach Sitte dieses Landes auf Herz zu legen. Landgraf Hermann ist noch etwas fremd in dieser Welt. Das kommt wohl davon, dass Herr Landgraf seit 750 Jahren im Himmel singen und rezitieren.

„Die Wartburg", sage ich leise, um den Sängerkrieg auf der Bühne nicht zu stören, „die Wartburg ist unverkennbar … hier in Taschkent."

„Unverkennbar!" wiederholt der Landgraf und setzt sogleich ein „Pssst!" hinter das dezent gerollte „r".

Ich aber kann nicht schweigen. Zu überwältigend ist diese Begegnung im Opernhaus zu Taschkent. Was sagen Herr Landgraf zu diesem Lope de Vega, zu dieser Komödie, zu diesem Lächeln des Frauengünstlings? Wie denken Herr Landgraf über die schablonierten Charaktere dieses unerschöpflich Fruchtbaren, der über fünfzehnhundert Lustspiele, Mantel- und Degenstücke gedichtet? Herr Landgraf geruhen zu meinen:

„Zu herkömmlich … Bei diesen äußerst

theaterfreudigen Spaniern aber sicherlich ein Erfolg! ... Durchaus ... Und auch hier amüsant ... Durchaus ... Amüsant ... Minniglich ... Bereue nicht, heruntergeflogen zu sein. Bereue es nicht!“

In der Pause kommen Theaterdirektor, Dirigent und Bühnenbildner in meine Loge. Man verneigt sich. Presst die Rechte aufs Herz und flüstert unhörbar: „Ich nehme Sie in meinem Herzen auf.“

Der Theaterdirektor beherrscht die Sprache des Beaumarchais. So können wir uns also ungeachtet des Usbekischen und bei 36 Grad in der Loge unterhalten.

„Darf ich Sie“, sage ich, „mit Hermann, dem Landgrafen von Thüringen, bekannt machen?“ Ich zeige auf den Sessel vor mir.

Der Theaterdirektor starrt mich entsetzt an. Hat er einen Publizisten zu sich in die Loge gebeten – oder einen Irrsinnigen? Sollte die Hitze über Taschkent innerhalb von 72 Stunden solch sengende Unbarmherzigkeit vollbracht haben?

Ich verneige mich und erkläre dem Direktor, dass mir die Gewohnheit wahrscheinlich angeboren, beim Anblick einer Burg gleich auch mit dem

Burgherrn Zwiesprache zu halten. Und da die Burg hier auf der Bühne die Wartburg bei Eisenach sei (ich sage: „imposant... á la perfection!... Le Wartburg dans la Thuringe..."), so hab ich mir nur so mal den Landgrafen Hermann aus dem Himmel in die Loge gebeten. Im Zeitalter der Kosmonauten, füge ich hinzu, bereite das ja keinerlei Schwierigkeiten mehr. Der Landgraf habe, wie der Theaterdirektor sich überzeugen könne, freudig zugesagt: Bietet sich doch einem seligen Landgrafen nicht alle Tage die Gelegenheit, in der Hauptstadt Usbekistans die Zinnen seiner Wartburg zu inspizieren.

Der Theaterdirektor wirft auf den imaginären Landgrafen Hermann, auf den auch ohne Einbildungskraft vorhandenen Siegfried Maxowitsch Einstein einen Blick, der schmerzvoll ist wie der mit Weintrauben, Pfirsichen und Wassermelonen angefüllte Leib seines Gastes aus dem fernen Westen. Der Bühnenbildner bekommt etwas zu hören! Wiewohl ich die usbekische Sprache nicht besser beherrsche als das Tungusische, glaube ich doch einiges zu verstehen: Denn die Hände eines Theaterdirektors in diesen Breite- und Längengraden sind beredt wie die Wassermelonenverkäufer in Samarkand. Unser peintre décorateur schaut flehentlich zu seinem Gast auf. Dieser Blick, so will es mir scheinen, heißt: Bei Marx und Lenin! Bei Allah und Christus! (dass er mit Moses dem Ohr von Siegfried Maxowitsch noch näher wäre, kann er nicht wissen): Sag dem Direktor, du habest nur gescherzt. Die Burg da oben sei eine echt spanische Zwingburg. Eine, die selbst Lope de Vega zufriedengestellt haben würde.

O gewiss! Mein Mitgefühl mit dem erniedrigten usbekischen Freund ist weit größer als die Beleidigung, die er, der bei 41 Grad im Schatten planende, malende und zimmernde peintre décorateur, meinem Sinn für Architektur zugefügt. Zum Lope de Vega! Bei Ludwig dem Springer! Mag die Burg bei Córdoba, bei Segovia oder Saragossa stehen. Mag sie in Kastilien erbaut sein. Am Duero oder am Ebro. Was geht's mich an! Die Wartburg steht im östlichen Teil Deutschlands. Und Ludwig der Springer hockt im Himmel vielleicht zu Füßen des Sohnes jenes Bergmanns Hans Luther aus Möhra ... Basta.

Ich würdige den Landgrafen Hermann aus

Thüringen keines Blickes mehr. Mich verneigend und die Rechte aufs Herz legend, sage ich dem Theaterdirektor, es habe mich nur so und ganz ohne Grund gekitzelt, diesen unsinnigen Scherz mit dem Landgrafen Hermann zu machen. Natürlich sei die Burg vor uns auf der Bühne eine Spanische. Typisch spanisch. Español wie der Ritter von der traurigen Gestalt. Español wie jener Richter von Zalamea. Español wie jenes Muttermal in Kreuzform. Am Tajo, zum Beispiel, könnte die Ritterburg stehen. Oder am Guadiana. Auch am Guadalquivir. Durchaus. Unschwer. Absolut.

Der Theaterdirektor redet mit Aug und Hand. Ich verstehe keine Silbe. Sehe nur, wie der peintre décorateur mich entzückt anschaut. Wie er sich verneigt. Die Hand aufs Herz presst.

„Ich nehme Sie wahrhaftig in meinem Herzen auf!" heißt das.

Die Pause ist zu Ende. Direktor, Dirigent und Bühnenbildner: Sie alle versprechen, wieder zu kommen. Ich werde sie erwarten.

Nachdem Hermann, Landgraf aus Thüringen, auf Engelsflügeln Taschkent wieder verlassen, wende ich mich neugierig den Sängern und Tänzern auf der Bühne zu. Ein usbekischer Komponist hat, um Lope de Vegas zwölf- oder vierzehnhundertstes Lustspiel für Usbekistan schmackhafter zu gestalten, eine gefällige Musik im Sinne des abenteuerlichen, die Ohrfeigen gerne ins Stück einbauenden Komödiendichters erfunden. Meine beiden Nachbarinnen in der Loge (vor lauter Landgraf Hermann hatte ich sie einfach übersehen!) unterhalten sich laut und begeistert. Ich sage:

„Kastjúmy mnje nráwjazza"...

In meinem „Sprachführer: deutsch-russisch", Verlag für fremdsprachige Literatur, Moskau 1956, fand ich diese Offenbarung auf Seite 136

„Die Kostüme gefallen mir."

Die beiden Usbekinnen sprechen auch russisch. Sie sind erfreut über meine Zustimmung. Und sie antworten mir.

Kein Wort kann ich verstehen. Vielleicht passt nun zufällig das Sätzchen auf Seite 136 unten auf das Ende ihrer Rede. So sage ich, während der usbekische Spanier vor der Wartburg bei Córdoba seinen grimmigen Fürsten verprügelt: „Ja palutschil balschóje udawólstwije“ – „Ich bin sehr zufrieden!“

Es hat geklappt. Vorzüglich. Das Sätzlein saß wie die Ohrfeige im Antlitz des Herzogs.

Der Herzog, die Angebetete des usbekischen Spaniers seit Nächten verfolgend, wird nun über die Bühne gejagt: mit Hilfe eines Lederriemens. Unter mir pfeifen und poltern, klatschen und keuchen die Einwohner Taschkents. Ein Liebhaber mit Tjubiteika ergreift die Hand seines Mädchens. Sie rufen gemeinsam: laut und lange. Wozu muss der Fremde im usbekischen Theater die Sprache verstehen? Genügt es ihm nicht, Zischen und Zuruf, das Schnalzen der Zunge und das Stampfen mit den Füßen zu erleben?

Der einfache Bauernsohn auf der Bühne hat den anmaßenden Zwingherrn in die Flucht geschlagen: Nun ist im Zuschauerraum kein Ende mehr der Freude und des Lobes. Der schlafende Knabe im Arm der usbekischen Bäuerin ist aufgewacht. Ungläubig sieht er sich um. Die Bäuerin streichelt ihm Haar und Wange. Sie wiegt ihn in den Armen. Bald wird er wieder träumen. Vielleicht von Wassermelonen und Feigen, großen Augen und winzigen

Sternen.

Die Hitze ist drückend. Ein galanter Jüngling fächelt seinem Mädchen Luft zu: mit einem Blatt. Die Frau in der dritten Reihe tröstet das kleine Mädchen auf ihrem Schoß. Es wird ruhiger, steckt den Daumen in den Mund. Und ist ganz still.

Und wieder ist Pause. Und wieder kommt der Direktor in meine Loge. Ob es mir gefallen hat? Da bringe ich nun den an Kummer Gewöhnten in den Himmel Usbekistans, indem ich antworte:

„Ja palutschíl balschóje udawólstwije – ich bin sehr zufrieden!“

Nein, ich spreche nicht russisch. Doch diese Worte habe ich für Sie gelernt, Herr Direktor. Für den Sänger. Für die Tänzer. Tief verneigt er sich, die Rechte auf seinem Herzen zittert ein wenig vor Freude. Ich liebe diesen Mann. Und sage noch einmal;

„Ja palutschíl balschóje udawólstwije“...

Er sei stolz, sagt er, mich erfreut zu haben. Nicht minder glücklich über die Tatsache, heute zweihundert Kolchosbauern aus einem in der Nähe gelegenen Kollektiv bei sich zu wissen. Keiner habe, so sagt er, bis jetzt das Theater verlassen. Sie seien alle sehr zufrieden.

Und die Pfiffe? wage ich einzuwenden.

Pfiffe, erklärt der Direktor, bedeuten Zustimmung in Usbekistan. Je mehr Pfiffe, desto größer die Bewunderung für den Schauspieler, den Sänger, die Tänzerin.

Die Pause dauert fünfzehn Minuten. Ich sage: „Antrákt pradlízza pjatnázzatj minút“. Mein neuer usbekischer Freund legt wieder und wieder die Rechte auf sein Herz. Dann muss er gehen. Hinter der Bühne wird er gebraucht. Wir verneigen uns gegenseitig. Zweimal. Dreimal.

Draußen wartet Chachim auf mich. Mit dem Wagen. Die asiatische Nacht, dieser Brutofen! Chachim wischt sich einmal mit der Hand über die Stirn. Über uns hängt die Sichel des Mondes. An einem unsichtbaren Faden. Ich denke an einen fernen Mond, der bleich im Wasser lag, eh er ertrank. Das war nicht in Taschkent und ist so lange her. Vielleicht war's auch nur eine unreife Zitrone, damals. Im Wasser. Und ich hab nur geträumt, es sei der Mond. Morgen werde ich Chasanova in weiter langer

Atlasseide an der Hand von Machmed noch einmal sehen; Auf der „Insel im Kulturpark“. Und Asia aus Duschanbe wird tanzen, die metallenen Kastagnetten des Chairak im Rhythmus anfeuernd.

Moskau – Venus, zurück, pashálasta!

„Dóbraje útra – guten Morgen!

„Skashýtje pashálasta – sagen Sie, bitte: Was kostet ein Retourbillett Moskau–Venus?“

„Wie lange wollen Sie auf der Venus bleiben?“

Ich überlege: „Njéskalka njedjél – einige Wochen.“

„Mehr als acht Wochen?“ fragt der Beamte am Schalter.

„Njet, spassíba – nein, danke!“

„Das Retourbillett ist nämlich acht Wochen gültig“, erklärt der Mann sehr höflich.

„112 Rubel“, sagt der Mann, nachdem er ein Blatt zu Hilfe genommen.

„Aber so viel kostete ja vor acht Jahren eine Flugkarte Leningrad – Taschkent und zurück!“

„Nun? Und –?“

„Ja, ich dachte mir ... Der Weg zur Venus ... Und überhaupt ... Ich dachte mir, dass man als gewöhnlicher Sterblicher das gar nicht bezahlen kann.“

„Wir sind alle gewöhnliche Sterbliche!“ sagt der Mann, mich nun genauer ansehend.

„Natürlich!“ sage ich entschuldigend, „nur ... ich

meinte: wenigstens tausend Rubel."

„Aber dann könnte ja ein Arbeiter mit seiner Familie nur einmal in zehn Jahren zur Venus fahren!"

„Ja – iswinítje, pashálasta! Verzeihen Sie, bitte! Fliegt denn der Mann mit seiner Frau und seinen drei Kindern öfters zur Venus?"

„Njessamnjenna, zweifellos, sicher! Im vergangenen Jahr war er mit seiner Frau vier Wochen oben; und in diesem Jahr wird er mit seiner Frau, seiner ältesten Tochter und seinen zwei jüngeren Töchtern zur Venus fliegen."

„Und was werden sie oben machen?"

„Sie wollen sich im Hotel Venus erholen."

„Gdje nachódizza wánnaja – wo befindet sich das Bad?"

„In jedem Zimmer, gaspadín ... gaspadín ..."

„Gaspadín Einstein."

„Gaspadín Einstein!"

„Interessant, interessant", sage ich.

„Gewiss", sagt der Mann, „augenblicklich ist mein Bruder oben."

„Geschäftlich?"

„Nein – privat." Der Mann hinterm Schalter kichert. „Sehr privat sogar ... Er wird oben heiraten!"

„Heiraten?“

„Jawohl, heiraten.“

Der Mann fährt sich mit der Zunge genüsslich über die Oberlippe. „Ein Mädchen aus einem dámskij sal.“

„Eine Coiffeuse?“

„Richtig“.

Wir lachen beide.

„Da kann er dann“, sage ich, „jeden Morgen beginnen:

pabréjtje menjá, pashálasta!“

Mein Gegenüber mit Brille lacht herzhaft: „Bitte rasieren!“ „Aber wo hat er denn die Schöne kennengelernt?“ frage ich, von der Neugier gestochen wie von einer Wespe.

„Auf der Venus ... Im vergangenen Sommer ... Er war sehr müde an jenem Tag und verlangte nach einer Gesichtsmassage.

Und wie's dann eben kommt: zarte Venushände ... Hm!“

„Und welcher Nationalität ist die Braut?“

„Russin, natürlich!“

„Njessamnjénna“, erwidere ich rasch, „zweifellos!“

Der Mann trommelt mit dem Bleistift auf dem Schalterbrett.

Er wartet, man sieht es ihm an, auf mein Ja oder Nein. Da sollte ich mich nun doch entschließen. Zweimal Moskau – Venus retour macht 224 Rubel ... Ilonka wird meine Aufmerksamkeit zu schätzen wissen ... Mehr als drei Wochen wollen wir ohnedies nicht oben bleiben. Habe dann noch in Appenzell etwas zu erledigen ...

„Gut, zweimal retour! Im Hotel Venus – jéstj li swabódnyje namerá? Haben Sie freie Zimmer?"

„Einige noch", sagt der Beamte,

„Mnje núshen nómer dlja dwaích ss wánnaj – ich brauche ein Zimmer für zwei Personen mit Bad."

Unterschreibe! Leg die Rubelscheine auf das Schalterbrett! Nimm die Fahrkarte! Erkundige dich nach dem Wetter auf der Venus!

Ilonka erwartet mich im Hotel Peking, unweit des Majakowskij-Denkmals. „Ah, voyons, monsieur le directeur général!" ruft sie enthusiastisch aus. Bei Gott, sie hat Sinn für die Kühnheit meines Einfalls!

Später sage ich zum Zimmermädchen: „Rasbudítje menjá, pashálasta, w wóssem tschassóf utrá – wecken Sie mich bitte morgen früh um acht Uhr! ..."

„Wir werden zur Venus fliegen!" fügt Ilonka, ihren Stolz verratend, hinzu.

Auf das Mädchen aus Wjasma macht das überhaupt keinen Eindruck. Wer fliegt denn heutzutage nicht alles zur Venus!

Mit einem freundlichen „spakójnaj nótschi – gute Nacht!“ verabschiedet sich die Kleine: weiß Gott, kein verzogenes Sorgenkind.

„Gdje swanók k górnitschnaj?“ frage ich.

„Du kannst auch deutsch mit mir reden“, lästert Ilonka, „hast ja ohnedies deine Standardphrasen aus dem deutschrussischen Sprachführer.“

„Ja nje ljubljú, das liebe ich nicht“, erwidere ich gekränkt. „Wo ist die Klingel für das Zimmermädchen? fragte ich, und warum? Weil ich für eine halbe Stunde das Venus-Buch aus der Hotel-Bibliothek wollte.“

„Spakójnai nótschi!“ haucht Ilonka, wieder artig und sich selbst kostbar.

„Spakójnai nótschi!“ sage ich, ahnend, dass sie mich augenblicklich mit einer Mischung aus Rührung und Entzücken umarmen wird. Von der Gorkistraße her fällt Licht auf ihren Körper. Morgen werde ich auf der Venus sein, denke ich. Wie einem doch kühnste Träume in Erfüllung gehen, wenn man in Moskau einschläft: glückselig spitzbübisch – oder eingedenk der Erfahrung, dass das launische Leben dann und wann die Träume unserer Kindheit verwirklicht.

Das „steinerne Liebeslied“

Am Ende der Taschkentskaja-Straße erheben sich majestätisch die Ruinen der einstigen Moschee und des einstigen Mausoleums von Bibi-Chanum (die Lieblingsfrau Tamerlans liegt nicht in der Moschee, die ihren Namen trägt, begraben; sie ruht in einem der großartigsten Totenpaläste, den die Welt kennt: in der Grabmoschee Gur Emir, im kühlen Kellergewölbe der Timuriden). Von 1399 bis 1404 hatten die Einheimischen und die Kriegsgefangenen am Tage und in der Nacht an der Vollendung dieses Lieblingsgedankens Timur-i-lenks gewerkt. Wir wissen, wie es dem obersten Baumeister erging; wissen auch, dass Timur am 18. Februar 1405 auf dem Weg nach China und im Rausch gestorben ist.

Am Ende der Taschkentskaja-Straße erzählen Ruinen in der Glut dieses Julitages von Timur-i-lenk, von Bibi-Chanum, von den Sklaven, die nichts besaßen außer Allah ... Gewiss lag es nicht am Baumeister, der Bibi-Chanum durch einen Schleier küsste und auf Flügeln erst gen Himmel, dann in eine andere Stadt flog – gewiss lag es nicht an jenem unsäglich und unselig verliebten Baumeister, wenn das Bauwerk bald Risse bekam und bei den immer wieder auftretenden Erdbeben schließlich nach und nach zusammenstürzte: Es lag zuvörderst, gewiss, an der übereilten Bauweise, an Timurs Befehl, an seiner Ungeduld, an seinem unbändigen Ehrgeiz.

Am Ende der Taschkentskaja-Straße berichten die Reste einer furchtbar großen und grausamen Zeit von einem Bau, dessen einzelne Teile durch einen Säulengang aus Marmor miteinander verbunden waren. Sowohl durch seine Ausmaße als auch durch den Überfluss an Zierrat hatte dieses Wunder keinen Bruder, keine Schwester – ja, nicht einmal Vater und Mutter im Morgenlande!

Am Ende der Taschkentskaja-Straße ragen die letzten Zeugen einer größenwahnsinnigen Liebeserklärung in den Himmel Samarkands. Dieses stehengebliebene Mauerwerk ist Bibi-Chanum, das „steinerne Liebeslied". Der es zu bauen befahl, war ein Liebhaber und Säufer ohne Maßen. Die es im Tode bewohnen sollte, war eine Schönheit und Dulderin ohne Maßen.

Am Ende der Taschkentskaja-Straße vernimmt man in Nächten, wenn alle Sterne über Samarkand zu einem nächtlichen Teppichmuster sich vereinigen, am Ende der Taschkentskaja-Straße vernimmt man dann das Ende jenes „steinernen Liebesliedes“. Das ist ein Ton vom Nai, ein zweiter vom Rubab, ein dritter vom Gidschak. Ich stand, die Nacht hatte sogar dem Wind untersagt, ihren heißen besternten Leib zu kosen, ich stand einsam vor dem „steinernen Liebeslied“ am Ende der Taschkentskaja-Straße. Und Liebeslieder, die ich selbst einmal komponiert, gingen mir durch den Sinn. Doch keines war so kostbar, dass ich es Bibi-Chanum hätte schenken dürfen ... Keines? Vielleicht doch – dieses eine, dieses in einem fernen Winter entstandene? Ich zupfte das zweisaitige Dutar meiner Phantasie und sang:

> Weiß war die Nacht, als sie am Fenster stand, liebkosend mit der kalten Hand
> bläuliche Blumen aus Kristall.
> Am weißen Schlafgewand der Nacht
> des Mondes rote Blume hing.
>
> Sie hing noch dort,
> als ich allein mit meinem Tod
> nach Hause ging.

Am Ende der Taschkentskaja-Straße war der Mond aufgegangen: rot wie meine Blume. Am weißen Schlafgewand der Nacht. Und der Tod ging neben mir: entlang das „steinerne Liebeslied“, das Bibi-Chanum hieß. Und gesungen ward von einem, der die Schönheit und das Grauen zu singen verstand wie kein zweiter. „18. Februar 1405“, murmelte der Tod. Das war seine Sprache, sein Argument, seine Wissenschaft: das Ende. Das Ende …

Am Ende der Taschkentskaja-Straße sah ich, dieweil ein Mann neben seiner Arba, seinem hochrädrigen Wagen, herging, am Ende der Taschkentskaja-Straße sah ich, dass der Tod nicht das letzte Wort spricht in dieser Welt der Monde und Sterne und Liebeslieder aus Marmor und Jade. Am Ende der Taschkentskaja-Straße erkannte ich, dass die Aromen der Pfirsiche und Trauben vergehen und wieder kommen und wieder vergehen und wieder kommen und wieder vergehen … Und am Ende wieder kommen. Ich ließ den Tod in Gedanken versunken steh‘n; das war nicht die rechte Stunde, sich mit ihm einzulassen. In die Sterne schaute ich wie in des Mondes rote Blume: verliebt. Und Hafis, der mir auch in dieser Stunde nahe war, sprach:

Ich will bis in die Sterne
Die Fahne der Liebe tragen;
Sie soll auf einer Wolke
Ob sämtlichen Himmeln ragen.

Am Ende der Taschkentskaja-Straße erzählten Steine. Steine.

Und als der Mann mit seiner Arba sich verlor in der Ferne, sangen sie ein Liebeslied: ein steinernes Liebeslied.

Geschrieben vom 26. August – 2. September 1962 / Überarbeitet am 17. August 1965

Bibi-Chanum und das Verhängnis in Samarkand

Timur-i-lenk aus dem Stamm der Borlas schuf, nachdem er im Jahre 1370 die Macht an sich gerissen, ein riesiges Reich. Er verstand es, Kriege zu führen, aus denen er stets als Sieger heimkehrte. Samarkand war seine Hauptstadt. Und da er einmal den Entschluss gefasst, diese Stadt zur prächtigsten und glorreichsten auf dem Erdball zu machen, befahl er im Jahre 1399 – ehe er gen Indien zog – den Bau der größten mohammedanischen Moschee.

Bibi-Chanum, seine Lieblingsfrau und Ratgeberin, war ausersehen, in seiner Abwesenheit die Arbeiten zu überwachen. Hunderte von Einheimischen und Kriegsgefangenen arbeiteten in der Glut der Sonne und beim Funkeln der Sterne. Unsichtbar schwang Tamerlan, der Grausame, Timur-i-lenk, „der eiserne Krüppel“, die Peitsche.

Sagenhaft schön wie Bibi-Chanum sollte auch diese

Moschee eines Tages in der mohammedanischen Welt stehen: Vom Ruhm Tamerlans zu künden. Feierlich hatte die Auserwählte dem auf Eroberung bedachten Gemahl und Herrscher versprochen, er würde das Bauwerk bei seiner Heimkehr in blauer, majolikagekachelter Pracht vorfinden.

Sei es nun, dass Timurs oberster Baumeister in seiner eigenen Ehe nicht die lichte Morgenpracht gefunden, sei es, dass er mit Hafis zu sprechen sich erdreistete:

> Bin ja nur ein armer Schwamm,
> Bin ja nur ein Zunder,
> Und die Schönheit ein Vulkan –
> Brenn ich, ists ein Wunder?

– und also Bibi-Chanum, die Herrliche, anredete ...: Der Baumeister verlor sein Herz an die Lieblingsfrau des furchtbaren Eroberers und Bogenschützen. Und Bibi-Chanum musste mit Entsetzten gewahren, dass der oberste Baumeister die Vollendung des Baues hinauszögerte. Als kluge (und nicht nur rosenhauchberauschte) Frau glaubte sie, den Grund zu kennen: Hatte denn dieser Baumeister, die Baustelle Tag für Tag besichtigend, nicht minniglich Gelegenheit, Bibi-Chanum wenigstens dann und wann zu sehen? Und würde er, das Bauwerk rasch vollendend, sich nicht töricht dieses Glückes berauben?

Da kam Bibi-Chanum, die mosaikengeschmückte Moschee träumend, auf eine Idee, die, das wird man auch nach 500 Jahren nicht bestreiten können, dieser Strophe Hafisens schwesterlich verwandt war:

> Lieb und Rausch ist ein Geheimnis;
> Stille mit Erläuterungen;
> Es der Menge klar zu machen,
> Nicht genügten Engelszungen …

Sie ließ dem obersten Baumeister sechs Eier überbringen, alle gefärbt in den Farben des Regenbogens: Rot, Orange, Gelb, Grün, Blau, Violett. Und ließ ihm bestellen, er möchte am folgenden Tag berichten, welches der sechs Eier ihm am besten geschmeckt. Der Baumeister, entzückt, mit Bibi-Chanum sprechen zu dürfen, verneigte sich am folgenden Tag vor der Angebeteten:

„Die Farben waren unterschiedlich, gewiss: Es war ein Rot und Orange, ein Gelb und Grün, ein Blau und

Violett ... Der Genuss jedoch: Bei allen war er mir der gleiche!“

Bibi-Chanum errötete. Und lächelte. „So sind“, sagte sie leise, „auch die Frauen. Mag nun der oberste Baumeister seiner eigenen die Treue halten. Mag er in ihr die traute Wonne erblicken. Mag er nicht länger versuchen, sich selbst und die Lieblingsfrau des Timur-i-lenk ins Verderben zu stürzen!“

Tief gekränkt sann der oberste Baumeister auf eine Antwort: Auf eine, die ebenbürtig neben dem Streich mit den regenbogenfarbenen Eiern stehen konnte. Tags darauf trat er mit zwei Schalen vor Bibi-Chanum hin. Er verneigte sich ehrerbietig. In den beiden Schalen schaukelte kristallklar eine Flüssigkeit: Es funkelte und glitzerte verschwenderisch, denn die Sonne schleuderte ihre Speere auf Samarkand.

Ob Bibi-Chanum die Flüssigkeit in der linken Schale von der in der rechten unterscheiden könne? Bibi-Chanum konnte es nicht. Da verneigte sich der oberste Baumeister tief:

„So sind die Frauen“, sagte er leise, „die einen kühl – wie das Wasser in der Schale hier –, die andern feurig wie der Alkohol hier in der Schale ...: Und bei diesen

Worten zeigte er abwechselnd auf die Schale in seiner Linken, auf die Schale in seiner Rechten. Da erkannte Bibi-Chanum, dass der Baumeister nicht gewillt war, den Bau der Moschee zu vollenden. Timur-i-lenk wird zurückkehren, dachte sie, die Moschee nicht vollendet sein. Wir werden verloren sein, alle: Der Baumeister, ich, die Sklaven! In ihrer Verzweiflung bat sie eines Abends den obersten Baumeister zu sich. Sie reichte ihm die Wange, durch einen Schleier verhüllt, zum Kusse dar.

Es ist uns nicht überliefert, ob der Baumeister vor dem Kuss jenes kleine feurige Liebeslied von Hafis rezitiert hat ... Wir wissen nicht, ob das bei Baumeistern so Sitte war, wenn sie die Lieblingsfrau des grausamen Herrschers auf die mit einem Schleier bedeckte Wange küssten. Da wir es also nicht wissen, nehmen wir's einfach an und sagen: Der Baumeister verneigte sich tief vor Bibi-Chanum, berührte mit seiner Rechten ihren Arm und sagte, auf des Lenzes Unterricht hörend:

Ich bin ein Salamander
Und leb in eitel Glut;
Mir ist allein das Feuer,

Das heiße, heiße teuer,
Mir nur die Flamme gut.

Und dann küsste er Bibi-Chanum – so ist es überliefert, und wer wagte, daran zu zweifeln – durch den Schleier hindurch: So heiß, so glühend ..., dass das Mal dieses Kusses noch auf ihrer Wange brannte, als Timur-i-lenk nach Samarkand heimkehrte. In rasender Eifersucht verfolgte der Furchtbare, der gefangene Soldaten aneinander und an Pflöcken festbinden, sodann mit Lehm und Mörtel übergießen ließ: Lebendes Baumaterial für Festungswerke im Jahre 1380! – in rasender Eifersucht verfolgte Tamerlan den Schänder seiner Ehre. Der Verfolgte, wohl wissend, welche Art des Todes ihm bevorstand, rettete sich auf das von ihm entworfene und erbaute Minarett. Die Häscher sprangen und stürzten hinter ihm her. Der oberste Baumeister sah hinab auf die Stätte seines Tuns, zögerte einen Augenblick, flehte zu Allah und – sprang. Atemlos sah Tamerlan, der in Grausamkeiten Geübte, wie diesem Menschen mit der Geschwindigkeit, mit der sein Pfeil im Herzen des Gegners zu sitzen pflegte, zwei Flügel gewachsen waren: Hoch in den Lüften, hoch über den Augen des größten

Herrschers, hoch über den Türmen Samarkands flog der noch vor einer Minute zum grausamsten aller Tode Verurteilte.

Als Timur-i-lenk zu Beginn des Jahres 1405 auf seinem Feldzug gen China durch eine Stadt kam, die er nie zuvor betreten hatte, blieb er wie angewurzelt vor einer Miniaturausgabe seines Palastes stehen: Hatte nicht der Baumeister auf der Stirnwand des prunkvollen Gebäudes diese Worte eingemeißelt:

„Timur, verzeih!"

Tamerlan, der Größenwahnsinnige, Machttrunkene, Eifersüchtige, Tamerlan, der Kunstverständige, Analphabet, Fromme war überrascht, zu fühlen, wie in seinem Herzen eine Milde einzog, die er nur vom Hörensagen und mit Verachtung kannte. „Timur, verzeih!" sagte diese Stimme. Und er verneigte sich. Und sagte so leise, dass es niemand außer dem Wütewind in dieser Stunde und in dieser Stadt hören konnte: „Ich verzeihe."

Bald nach dieser Begebenheit, am 18. Februar 1405, kam der Tod zu ihm. Der Sichelmond, des Säbeltigers Meister, stieß seinen gelben Zahn ins Mark der Nacht. Timur-i-lenk starb auf dem Weg nach China – und im Rausch. Es ist uns nicht überliefert, ob der trunkene

Herrscher an Bibi-Chanum dachte, als der Tod neben ihm kniete, ihm den Puls zu fühlen. Wenn es aber wahr sein sollte, was ein deutschsprachiger Schriftsteller im Jahre 1965 an seinem Teakholz-Schreibtisch vermutet, so hat Timur sterbend Bibi-Chanums gedacht und Hafis gelallt:

> Doch deine Seele,
> Was ist wohl diese?
> Ein Vers, geschrieben
> Mit goldnem Griffel
> Von Allahs Huld.

Timur-i-lenk war schon tot, als ihn der Tod berührte. Er, der aus armem Haus Kommende, er, der Zeit seines Lebens damit Prahlende, dass sein Vater auf den Titel eines Emirs Anspruch gehabt hätte, er, der seinen Wunschträumen entsprechend auch von Dschingis-Khan Abstammende, er, dessen Urahn von einem Mädchen unbefleckt empfangen wurde (ein Sonnenstrahl, sehnsuchtsvoll durch die Türritze dringend, hat Mademoiselle Alankuw befruchtet): Er, Tamerlan, sieht nicht mehr, dass er aus Schnee ist, dieser Tod des 18.

Februar 1405. Timur sieht nicht mehr den Mann hoch auf dem Minarett, wie er sich löst und fällt und – fliegt ... Und wie es durch die Lüfte hallt: „Timur, verzeih!“ Er sieht nicht mehr die an Pflöcken festgebundenen, mit Lehm und Mörtel übergossenen gefangenen Soldaten. Er ist selbst der Sonnenstrahl, der sehnsuchtsvoll durch eine Türritze dringt, Bibi-Chanum zu befruchten. So starb Timur-i-lenk, den sie bei uns Tamerlan zu nennen belieben. Starb er in Wahrheit so? Oder starb er mit Hafisens Strophe auf den lallenden Lippen:

Stirbt Hafis, o nicht begrabt ihn
In die dumpfe Gruft hinein;
Nein, begrabt ihn in den Keller,
Werft ihn in ein Fass voll Wein!

Nach den zahllosen Legenden, die sich um sein grausames Leben gerankt haben wie Weinlaub um eine Eisenstange, wollen wir ihn mit Hafisens weinseliger Strophe noch einmal sterben lassen. Und unsichtbar wollen wir auf die Grabplatte aus kostbarem Nephrit setzen:

Timur-i-lenk, der „eiserne Krüppel“, der von Jugend auf Hinkende, am rechten Arm Gelähmte, an der linken

Hand zwei Finger Vermissende, Timur-i-lenk stammt nicht nur von Emiren ab, sein Urahn ward nicht nur von einem schönen Mädchen unbefleckt empfangen – Timur-i-link war auch der größte Baumeister, Kunstkenner, Bogenschütze, Kunstreiter, Auspeitscher, Tyrann seiner Zeit. Er ist der Meister, der das „steinerne Liebeslied“ für Bibi-Chanum zu singen und lebende Menschen im Baumaterial für seine Festungswerke zu verwandeln verstand:

Hier ruht Timur-i-lenk,
der Genialsten einer,
der Grausamsten einer!

Jascha fliegt über den Serawschan

Die Großmutter aus Taschkent winkt Jascha, dem Enkel, lange nach. Die Propeller drehen sich bereits. Sie jagen. Sausen. Die Füße des Flugzeugs stampfen. Jascha hat sich mit mir angefreundet. Ich reiche ihm einen Pfirsich.

Jaschas Mutter hat Augen, die einen an Jade erinnern. Man hütet sich, diesen Spiegel mit seinem Atem zu beschlagen. Vielleicht, wer weiß, beim Gedanken an Jaschas Mutter: spät in der Nacht ... Und es steigen einem Verse des usbekischen Lyrikers Alischer Nawoi über den Rand des Bewusstseins – Verse? Jene fernöstlichen Formulierungen, die Wachab Rusimatow, mein usbekischer Freund, in der Tschaichana, dem Teehaus zu Taschkent, für Jan-Genrichowitsch, meinen Moskauer Begleiter, ins Russische einst übertrug, worauf Jan-Genrichowitsch für mich eine Rohübersetzung leistete – und ich nun für dich, mein Zuhörer, gar mittelmäßige Zeilen (Nawoi, verzeih!):

Hauch deinen Freund nicht an!
Sorgst du dich doch
um deines Spiegels Pracht –

Wisse,
das Glas beschlägt sich
hässlich vom Atem der Nacht.

Ich presse die Rechte aufs Herz, flüstere unhörbar: „Ich nehme Sie in meinem Herzen auf!“ und verneige mich vor Jaschas Mutter. Nach einer kleinen Pause reiche ich ihr eine Weintraube. Freundlich, stolz und mit Worten, die klingen wie die Töne der Atlas-Seide, in die sie gehüllt ist, grüßt Jaschas Mutter wieder.

Jan-Genrichowitsch hat sich eingeschaltet. Jascha und seine Mutter fliegen nach Samarkand. Sie werden dort zwei Tage bleiben. Später kehren sie nach Duschanbe, in ihre Heimat, zurück.

Jascha erinnert mich an einen Knaben aus der Bibel. Jan-Genrichowitsch sagt es Wachab Rusimatow. Wachab sagt es Jaschas Mutter. Diese lächelt.

„Der Vergleich stimmt!“ lässt sie mir sagen. „Denn wir sind Juden – Juden aus der Hauptstadt der Tadschikischen SSR...“

„Kommt Jascha nicht von Jaakow?“ frage ich.

„Gewiss!“ übersetzt Jan-Genrichowitsch für mich.

„Und Jascha hat einen Bruder?“ frage ich.

Jascha antwortet selbst (und Jan-Genrichowitsch dolmetscht): „Ich habe eine Schwester, die heißt Rahel“.

Jaschas Mutter hat sich in Stolz gehüllt. Prächtiger noch als die Töne der Atlas-Seide klingt dieses Lied vom Gidschak ihres Herzens. Ich erinnere mich des Abends im Freilicht-Theater zu Taschkent: Auf der Bühne zupfte einer das Rubab, ein anderer blies das Nai und ein dritter strich mit dem Bogen das Gidschak.

Ich lächle Jascha zu. Jan-Genrichowitsch wird für mich übersetzen. Wachab wird abermals mein Dolmetscher sein. Und was wird Jascha wohl antworten?

„Jascha ist Jaakow – und Jaakow trat vor den blinden Vater Isaak hin und sprach also: ‚Ich bin dein erstgeborener Sohn Esau‘ ... Kennt Jascha diese Geschichte?“

Jascha kennt die Geschichte nicht, doch Jaschas Mutter lässt mir sagen, dass die Großmutter in Taschkent noch all die Geschichten von Abraham und Isaak, Esau und Jaakow, Joseph und Potiphar kennt. Mehr als hundertmal wohl hat sie diese Geschichten an Jaschas Mutter weitergereicht - aber bis zu Jaschas Ohr sind sie nicht gedrungen.

„Schade!“ sage ich.

„Wieso schade?“ lässt Jaschas Mutter fragen. Und

gleich hinzufügen: „Jascha kennt andere Geschichten, ebenso schöne und wunderbare ...“

Jaschas Augen leuchten. „Ja, er weiß viel wunderbare Geschichten – doch die von Esau und Jaakow möchte er auch kennenlernen.“

Während unser Flugzeug durch einen Himmel aus Erz sich bohrt, erzähle ich, mit Hilfe meiner Freunde Jan-Genrichowitsch und Wachab Rusimatow, Jascha die Geschichte von Rebekka, die ihrem Sohn Jaakow riet, sich das Erstgeburtsrecht zu erschleichen. Ich erzähle Jascha die Geschichte von den zwei guten Ziegenböcklein, die Geschichte vom misstrauischen Vater Abraham, jene schlimme Geschichte, da Jaakow, bekleidet mit den schönsten Kleidern Esaus, behangen mit den Fellen der Böcklein, vor den greisen Vater hintrat und also sprach „Ich bin dein erstgeborener Sohn Esau; ich habe getan, wie du zu mir gesagt hast. Iss nun und segne mich!“ Ich erzähle ihm auch, dass der Vater alsdann gesprochen: „Komm her, dass ich dich betaste, ob du mein Sohn Esau bist oder nicht.“

Jascha saugt begierig jedes Wort von Wachabs Lippen, der mir die Freude macht, jedes meiner Worte in die Sprache Jaschas zu übersetzen.

„Jaakow trat hin zum Vater“, fahre ich fort, „und als dieser ihn betastet hatte, sprach er: „Die Stimme ist Jaakows Stimme; aber die Hände sind Esaus Hände.“

Jascha unterbricht mich: „Ob der alte Vater durch das Fell des Böckleins über Jaakows Händen sich habe täuschen lassen?“ lässt Jascha mich fragen. „Sehr richtig!“ antworte ich. Jascha ist ein aufmerksamer Zuhörer. Es macht Freude, ihm eine Geschichte zu erzählen.

Als ich am Ende meiner Geschichte angelangt, an der Stelle, da Jaakow, der den bitteren Hass seines Bruders Esau sich zuzog, das Elternhaus verlässt –: als ich am Ende dieser Geschichte angekommen, erkenne ich, durch das kleine runde Fenster staunend, tief unter mir die Wüste. Und beim Anblick der ockerfarbenen Berge aus Lehm und Sand kommt mir der in Richtung auf Haran zuwandernde Jaakow in den Sinn. Müde von der Reise legt er sein Haupt auf einen Stein. Dann schläft er ein. In dieser Nacht hat er einen trostreichen Traum. Er sieht auf der Erde eine große Leiter stehen, die bis zum Himmel hinaufreicht; und Engel Gottes steigen daran auf und nieder.

Wachab hat alles für Jascha übersetzt. Jascha schaut mich lange und misstrauisch an: An Gott glaubt er nicht. Auch die Geschichte mit den Engeln scheint ihm unglaubwürdig. „Es gibt keinen lieben Gott!” erklärt Jascha. O ja, er traut den Worten seines Lehrers in Duschanbe mehr als meinen Geschichten.

Nun: beim Anblick des glitzernden schnurgeraden Wasserkanals unter uns halte ich es nicht für ratsam, mit Jascha über die Existenz Gottes zu streiten. Auch ist ein Flugzeug vielleicht nicht der geeignete Ort, mit Jascha über die Existenz von Engeln zu rechten.

Mit welcher Selbstverständlichkeit – mit der Natürlichkeit von Schmetterlingen, Tauben und Schwalben fliegen die Usbeken, Tadschiken und Turkmenen über Wüsten und Oasen. Bei Allah und Lenin! Fröhlich stehen Frauen in ihren langen, lose herabfallenden Atlaskleidern neben bärtigen Männern mit einer Tjubiteika oder einem Turban. Das Leben auf dem Flugplatz in Aschchabad, Buchara, Duschanbe, Samarkand oder Taschkent ist einfach und natürlich wie auf einem Basar: Armenier und Aserbeidschaner, Griechen und Juden, Tadschiken und Tataren, Uiguren und Usbeken besprechen etwas, verhandeln, lachen, trösten sich, nehmen im Herzen auf, nehmen an, nehmen ein. Dann steigen sie in ihren kaftanartigen Gewändern, mit ihren federleichten Stiefeln, in ihren hemdartigen Atlaskleidern, mit den purpurroten Pluderhosen und dem dunkelblauen Mieder die Gangway hinauf. Im Rumpf der Maschine wird geredet, dies gezeigt, jenes erwogen. Keiner denkt daran, sich mit dem Gürtel anzuschnallen. Mal rasch zurückdenken!

Frankfurt am Main. Elegante Stewardessen: „Bitte anschnallen! Nicht rauchen!" Abschiedswinken, als gelte es für die Ewigkeit. Flug Frankfurt-Berlin. Wie heldenhaft kommt sich der Herr aus Hergershausen doch vor, wenn er in Tempelhof landet!

Wir landen in Samarkand. Jascha spielt mit mir Schaukelpferd, dieweil das Flugzeug über den goldglitzernden Serawschan seine Schleife zieht. Jascha und ich, wir haben uns ineinander verliebt – trotz einiger Meinungsverschiedenheit über den lieben Gott und die Engel auf der Himmelsleiter.

Während das Flugzeug ausrollt, meint Jan-Genrichowitsch, zum Glück habe er nicht gefrühstückt. Die Landepiste ist hier ein Acker. Es geht auch so! Keinen im Silbervogel hat das gestört – am wenigsten den Freund Siegfried Maxowitsch Einstein.

Noch hat die Hitze nicht alle ihre Feuer entfacht. Noch

liegt Samarkand einige Kilometer von uns entfernt. Noch sind wir frisch und munter. Doch schon bald werden wir bei 43 Grad im Schatten uns berichten lassen über Tamerlan und Bibi-Chanum, über Muchammed Sultan und Ulug-Beg. Wir werden beim Anblick der marmorbelegten, mosaikengeschmückten, goldglitzernden Medresse Till-Kari stöhnen. Wir werden uns einen Traum aus Lapis Lazuli, Marmor und Nephrit schenken lassen. Wir werden uns mit einer Melodie unseres Bruders Wachab Rusimatow trösten. Wir werden Asia aus Duschanbe bewundern, Asia, tanzend, die metallenen Kastagnetten des Chairak im Tanzrhythmus anfeuernd. Und ich werde mich selber hören, wenn ich zu Asia in Gedanken sage: „Schlafe, schwarze Wimper, schlafe..."

Und wieder winkt die Großmutter aus Taschkent. Und Jascha, der Enkel, versichert noch einmal: „Ich habe eine Schwester, die heißt Rahel." Und ich erzähle ihm kurz vor dem Einschlafen die Geschichte vom misstrauischen Vater Abraham, jene schlimme Geschichte ...

Schaum des flüssigen Jade

Die chinesische Medizin kannte die Teepflanze schon frühzeitig. Die Klassiker erwähnen sie unter diesen Namen: T'u, Sheh, Ch'uan. Kia und Ming. Besaß T'u nicht die Kraft, die Seele zu laben? War Sheh nicht imstande, den Schlaf zu vertreiben? Trank man nicht Ch'uan, um den Willen zu stählen? Konnte Kia nicht das Wunder vollbringen, die Sehkraft zurückzugeben? Sollte man nicht aus Ming eine Paste herstellen: zur Linderung rheumatischer Schmerzen?

„Schaum des flüssigen Jade" nannten die Dichter der südlichen Dynastien in heiliger Begeisterung den seltsamen Sirup aus gedämpften, mit einem Mörser zerstoßenen Teeblättern plus Reis, Orangenschalen, Ingwer, Salz, Gewürzen und Milch.

Erst der Dichter Luh-yü um die Mitte des achten Jahrhunderts formulierte in „Ch'a-king", in der „heiligen Schrift vom Tee" das „Gesetz des Tees". Und welche Eigenschaften sollen die kostbarsten Blätter haben? Sie sollen sein:

„faltig wie der Lederstiefel tatarischer Reiter, gekräuselt wie die Wanne eines mächtigen Bullen, aufgefaltet wie Nebel, die einer Bergschlucht entsteigen, schimmernd wie ein von sanftem Wind berührter See und feucht und weich wie feine Erde, die der Regen soeben genetzt hat.“

Wachab, Chachim und Jan waren mit mir vor die Tschaichana gefahren. Zu Fuß gingen wir noch etwa 50 Meter. Unter Akazien und Weintraubenspalier sind blaufarbene Holzgestelle – an einfache russische Betten erinnernd – aufgebaut. Auf diesen Holzpritschen sind Teppiche ausgebreitet. Man steigt 3, 4 Stufen hinauf, entledigt sich der Schuhe, kreuzt die Beine und – lächelt sich zu. Wachab und Chachim gehen ins Teehaus. Mit blauen Schalen, Teekannen und Weintrauben kehren sie zurück. Die Augen meiner Freunde sind auf mich gerichtet, als ich Jan bitte, für sie zu übersetzen:

„Ihr kennt Lo-Tung, den Dichter der T’ang-Dynastie?“

Chachim schüttelt verneinend mit dem Kopf.

Wachab nickt. Er hat Lo-Tung gelesen.

„Und unsere Freunde aus dem fernen „Mangeim“ – er kennt Lo-Tung?“

Jan übersetzt weiter. „Jetzt, Freunde, schläft Sanaf, jetzt, da der Mittag hält, auf einem Wolkenkissen ... jetzt, Freunde, lob ich dieses Land, die Menschen, seine

Früchte, ich lob der Frauen Schönheit, lob Taschkent und lob – den Tee, den ihr mir eingeschenkt … Und nun zitier' ich (Wachab lächle!) und nun zitier' ich Lo-Tung …"

Und Wachab legt die Rechte auf sein Herz – und lächelt!

„Die erste Tasse netzt mir Lippen und Kehle. Die zweite verscheucht meine Einsamkeit, die dritte durchdringt mein unfruchtbares Innere, um darin nichts weiter als einige fünftausend Bände wunderlicher Ideogramme zu finden. Die vierte Tasse erregt einen leichten Schweiß, - alles Schlechte des Lebens schwindet durch meine Poren dahin. Bei der fünften Tasse bin ich geläutert; die sechste ruft mich ins Reich des Unvergänglichen. Die siebente Tasse, - ah, aber ich kann nicht weitertrinken. Ich fühle nur den kühlen Windhauch, der sich in meinen Ärmeln fängt. Der Horaisan (S. E. das chinesische Elysium), wo liegt er? Lasst mich mit diesem lieblichen Windhauch segeln und dorthin schweben!"

Einige Alte von nebenan haben meinem Übersetzer Jan zugehört. Sie nicken mir zu. Ich lege die Rechte auf mein Herz. Und grüße zurück. Wachab drückt mir die Hand. Das Weinlaub hat sich leicht bewegt. Chachim schenkt mir neuen Tee ein. Eine Strophe ist plötzlich da, eine, die ich vor Jahren schrieb, für ein kleines Mädchen und eine Puppe, ganz aus Glas, mit einer roten Schleife ... Ob Wachab und Chachim sie vernehmen wollen, fragt Jan in meinem Namen. Gewiss!

Die Kinder brauchen gar nicht viel:
ein Blatt und eine Meise.
Das Leben ist für sie ein Spiel
auf einer kleinen Reise ...

Ein Japaner hat vor mehr als fünfzig Jahren geschrieben, „der Teeraum war eine Oase in der trostlosen Wüste des Daseins, wo müde Wanderer sich treffen konnten, um sich gemeinsam am Quell des Kunstgenusses zu laben. Die Zeremonie war ein improvisiertes Drama, dessen Handlung sich um den Tee, die Blumen und die Malerei wob“.

Die Alten in ihren bunten Gewändern unterhalten sich gedämpft, dann und wann einen freundlichen Blick zu uns herübersendend. Teeismus ist eine tiefe Philosophie: Weisheit und Beschaulichkeit liegt hinter ihm mit stillen großen Augen. Ich trinke Wachab zu und bitte

Jan, ihm zu sagen:

„Meint ihr nicht, Freunde, Kôbô-daishi hat in einer verwandten Minute gesprochen: „Fließe, fließe, fließe, fließe, der Strom des Lebens strömt immer weiter. Stirb, stirb, stirb, stirb, der Tod kommt zu allen“ …?

Wachab Rusimatow ließ mich fragen, ob ich auch „Das Rubaijat“, jene Sammlung Vierzeiler kenne. Ich erwiderte mit einem stolzen Ja.

Wachab ließ mir durch Jan nun eine der tiefsten und wunderbarsten Epigramme übersetzen. Ich erinnerte mich an Klabund. An seine herrliche Übertragung. Und wie im Traum sagte ich:

„Halt, Freund Jan!… Ich sag es mit Klabund:
Der Mond wird oft noch über den Syringen
Der Schwermut blasse Kerzen nachts entzünden,
Gleich einem Diener dir den Leuchter bringen –
Er wird dich suchen und dich nicht mehr finden
…

Bis zu diesem Augenblick hatte Chachim zugehört. Nun aber wandte er sich an Wachab, an Jan und durch diesen an mich … Er sagte etwas und lächelte wie ein großer, pfiffiger Junge. Jan übersetzte schmunzelnd:

„Dir und Wachab lässt Chachim sagen, ihr möchtet

doch das Tuti-nameh –“

„Das Papageienbuch“, falle ich ein –

„Jenes persische Märchenbuch“, fährt Jan fort,

„nicht übersehen ...

Ihr möchtet euch des Papageis erinnern, der einer jungen Frau eine Geschichte nach der anderen erzählt und sie so fesselt, dass sie den beabsichtigten Ehebruch unterlässt...“

Ich reiche Chachim die Hand. Chachim hat seinem ersten ein zweites Lächeln überzogen; er lässt mir durch Jan sagen:

„An Ehebruch denk‘ ich zwar nicht – aber die Zeit zum Besuch der Schriftsteller in ihrem schönen Hause ist gekommen; wenn ihr mir nun ein Gedicht nach dem anderen aufsagt, vergess‘ ich, euch dorthin zubringen ...“

Bei Allah! Chachim ist der treueste Begleiter, der beste Chauffeur – und der ehrfürchtigste Teegenosse! Eines Tages werde ich ihm einen Vers widmen – oder wenigstens eine Liebesgeschichte. Morgen – in Samarkand – will ich an ihn denken. Chachim lässt mir sagen, dass er sich glücklich preist, in meinen Gedanken sein zu dürfen. Ich verneige mich und presse die Rechte auf mein Herz. Er tut das gleiche. Und sieht mich dankbar an. Wo ich herkomme – in „Mangeim“ – schenkt man einem Chauffeur eine Mark ... Mit dem Herzen wüsste er wahrlich nichts anzufangen!

„Chachim!“ sage ich – und Jan übersetzt, „Chachim, ich werde den Schriftstellern sagen, du habest uns mit dem Papageienbuch aus der Tschaichana einfach weggelockt“ ...

Chachim lacht wie einer, dem man auf dem Taar sein Lieblingslied vorgezupft ... So gerührt ist er, Chachim aus Taschkent.

Auf der Fahrt durch den glühenden Nachmittag kommt mit Li Chih-Lai, ein Dichter der Sung-Dynastie in den Sinn, traurig hat er festgestellt, dass es in der Welt drei höchst bedauernswerte Dinge gibt: das Verderben bester Jugend durch falsche Erziehung, die Entwürdigung guter Gemälde durch pöbelhaftes Begaffen und die restlose Vergeudung guten Tees durch unsachgemäße Behandlung.

Tee. Die ersten Worte, die ich lernte, waren: Prinjessiítje, pashálasta, stakán, krépkawa tschája sslíonam = einen starken Tee mit Zitrone, bitte!

Später ließ ich das Adjektiv „stark“ fallen; noch etwas später „die Zitrone“. Li Chih-Lai hätte sich über die

„sachgemäße Behandlung des guten Tees“ gefreut. In Taschkent. O gewiss, Li-Chih-Lai! ...

Nie ist er unter die Räder geraten...

Erinnerungen an einen Nachmittag mit Ilja Ehrenburg

Auf der ersten Seite des ersten Bandes seiner Lebenserinnerungen „Ljudi, Gody, Schisn“, zu Deutsch „Menschen - Jahre – Leben“, meditiert Ilja Ehrenburg:

„... Die Zeit fährt jetzt express. Einem Automobil kann man nicht zurufen: ‚Bleib stehen, ich will dich genauer betrachten!‘ Man kann nur das flüchtige Licht seiner Scheinwerfer vorbeihuschen sehen. Man kann – auch das ist ein Ausweg – unter seine Räder geraten.

Viele meiner Zeitgenossen kamen unter die Räder der Zeit. Ich blieb am Leben - nicht weil ich stärker oder scharfäugiger gewesen wäre, eher deshalb, weil es Zeiten gibt, da das Schicksal eines Menschen nicht einer Schachpartie, sondern einem Lotteriespiel gleicht.“

Dass er eines natürlichen Todes nun starb, nie „unter die Räder der Zeit“ kam, werfen ihm bedeutende und unbedeutende Publizisten vor, Samuraischwert-Sammler und Sanguiniker,

Five o‘ clock tea-Fiedler und Faschisten: Noch 36 Stunden nach seinem unwiderruflichen Adieu an Lust und

Leid und „Lotteriespiel“. Dieser Schriftsteller mit der Freude an Abenteuer und Außergewöhnlichem, an Satire und allen Sonderlingen, den der unbestechliche Hermann Kesten in den „Filialen des Parnass” kurz den „Stalinisten Ilja Ehrenburg“ nennt, ist in seinem langen Leben vieles gewesen: Vor allem aber Belletrist und Boulevardgenießer, Kosmopolit und Kulturmotor, Russe, Romantiker – und Revolutionär, Melancholiker, Montparnasse-Träumer – und Modiglianis Jugendfreund, Jude, Jesseninverehrer – doch zu keiner Stunde ein Jago!

Gorkijstraße 8, Wohnung 48

Er wohnte in der Gorkijstraße 8 Präziser: Wohnung 48. Ich im Hotel Peking, unweit des Majakowskij-Denkmals, das einen darstellt, der in die Welt gekommen, mit den Fäusten zu boxen und mit den Stiefeln zu stampfen ... oder wie es in der Diktion des „Fremdenführers“ A. Kowaljow auf Seite 88 heißt:

„Der Bildhauer A. Kibalnikow hat es verstanden, die Gestalt des proletarischen Dichters wiederzugeben, des Herrn des Lebens, des Künders des Neuen, der weit ausschreitet und fest auf der Erde steht.”

Ilja Ehrenburg und seine charmante, in der Chiffreschrift des launischen Lebens zweifellos lesende Weggefährtin (es war die zweite im Leben dieses Genießers und Gourmets) hatten mich zum Tee geladen. In der Sprache des von ihm verehrten Aragon, dessen Buchtitel „Le paysan de Paris" er nach ungefähr 40 Jahren mühelos unter dem Stichwort „exquis“ seiner Gedächtnis-Kartothek entnahm, in der Sprache des „vortrefflichen“ Eluard, die auch die Sprache seiner Gattin ist, warfen wir uns, wenn ich meinen eigenen Aufzeichnungen trauen darf, an jenem Nachmittag blitzende Bonmots zu.

Ein junger chilenischer Lyriker – Ehrenburg stellte ihn mit vor, und ich war eitel genug, mit meinem besten Spanisch für fünf Minuten zu brillieren und den Hausherrn in ein von mir durchaus berechnetes Erstaunen zu versetzen –: Ein junger chilenischer Lyriker hatte sich kurz nach meinem Kommen verabschiedet. Auf dem Tisch stand die Kiste mit den Zigarren aus Südamerika. Ehrenburg, sichtlich gerührt über dieses ihm willkommene Geschenk, hieß mich zugreifen. Wie er da so vor mir saß, blinzelnd und beglückt, gescheit und gewitzt, horchend und heimatlos (trotz Stalin-Preis, Lenin-

Orden und Vizepräsidentschaft im sogenannten „Weltfriedensrat"!), war mir plötzlich, als hätte er die Worte, die er soeben über Ernst Toller sprach, über Ilja Grigorjewitsoh Ehrenburg verloren:

„Er war ein wirklich komplizierter Mensch ... Wäre sein Charme, dieser besondere Charme nicht gewesen ..."

Hier stockte der Erzähler. Dann fuhr er fort:

„Selbst seine Gegner – und er hatte! – wurden bisweilen bezwungen..."

Und er vollendete dieses kleine Kapitel aus seinem unermesslichen Memoirenschatz mit den Worten:

„Einer seiner bissigsten Kritiker (mordant, sagte Ehrenburg, und man konnte ihm den späten Unwillen von den Augen ablesen) sagte einmal – ich habe es selbst gehört –: ‚Was wollen Sie? Das ist eben der Toller'!"

An einem Nachmittag im späten Juli des Jahres 1962 nehme ich mir die feine Chuzpe unter seinen Blicken, bei seinen Kuchen und Zigarren heraus, ihm zu erklären, dass ich es heute noch für seine wohl größte Auszeichnung halte, dass die „Rote Fahne" bereits im Jahre 1930 energisch bestritt, Ilja Ehrenburg adhibiere den „richtigen Marxismus" ... Ich sage ihm ferner – und hier fängt mein Französisch an, brüchig zu werden –, dass ich es mit Tucholsky halte, der einmal in der „Weltbühne“ über ihn schrieb

(ich bekenne heute, dass ich Ehrenburg in diesem Augenblick das Erscheinungsjahr des „Tucho“-Essays – 1932 – nicht nennen konnte, gebe ferner zu, dass auch meine Übersetzung gewiss recht fragwürdig war):

”... Dieser Ehrenburg ist ein merkwürdiger Mann. Er sitzt da, wo heute die besten Leute sitzen: zwischen den Stühlen. Den Russen ist er ein verfänglicher Halb-Burjui; den braven Bürgern gilt er als anrüchiger Bolschewist.

Es muss also etwas an ihm sein. Es ist auch etwas an ihm.“

Ehrenburg, das notierte ich in jener Moskauer Julinacht in mein Stenogrammheft, dieweil ganz in der Nähe Wladimir Wladimirowitsch Majakowskij noch immer in der „Gestalt des proletarischen Dichters ... weit ausschritt“ (was haben doch gewisse unter dem Banner Lenins marschierende, korrupte und kriechende, quasselnde Querulanten aus diesem anklagenden, aufwühlenden literarischen Talent gemacht!) – Ehrenburg, so schien es mir, fand es köstlich, dass ich ausgerechnet Tucholsky über ihn, den „merkwürdigen Mann“, zitierte.

Nicht der Romancier – wohl aber der Essayist ...

Ehrenburg hat selbst einmal behauptet, die „Traumfabrik“ in zwei Monaten heruntergeschrieben zu haben. Nun: In dieser Chronik des Films ist auch so manches ungenau und unscharf. In wie vielen Büchern dieses erzgescheiten Melancholikers und Machtverächters wimmelt es von trivialen Passagen und sentimentalen Slogans! Und doch ist ihm auch Geniales geglückt: Mit dem „Abenteuer des Julio Jurenito und seiner Jünger“.

Doch überleben wird den in der Nacht zum 1. September still aus der Welt hinausgeschlichenen Neugierigen nicht „Michael Lykow“, nicht die „Gasse am Moskaufluss“ und nicht das „Tauwetter“, von dem ich zu behaupten wage, dass es künstlerisch zu seinen schwächsten Leistungen zählt; überleben wird den „kosmopolitisch versierten, geistreich wendigen“ Ilja Ehrenburg, wie Klaus Mann den Satiriker und Sonderlingaufspürer einmal genannt hat: Überleben wird ihn sein essayistisches Oeuvre.

In den „Französischen Heften“ ist ihm Vortreffliches, Glitzerndes und Gültiges gelungen. Was er über Stendhal, Eluard und Villon geschrieben, wird bleiben. Und vielleicht sollte man ihm zulieb in der Stunde des Abschieds seine Worte über „Die Dichtung Francois Villons“ aufsagen:

„Die Poesie Villons...: In ihr vernimmt man bereits jene Ironie, die die Romantiker anzog, und die Kombination von dichterisch gehobener Sprache mit Prosaismen – uns so vertraut durch zeitgenössische Dichter, von Rimbaud bis Majakowskij ...

Die Gedichte Villons sind zuweilen melancholisch, weil das Leben des Dichters nicht leicht war...“

Auch das Leben des skeptischen, skurrilen, schillernden Ilja Grigorjewitsoh Ehrenburg war nicht leicht. Ob er es darum so leidenschaftlich und schwermütig geliebt hat? Ob er wohl darum mit einer Kindlichkeit, die auch Kauzigkeit einschloss, die drei Fabeltiere, die in dem Dorf Dimka von einem ihm Bekannten aus Lehm gestaltet (nicht gebrannt, nur getrocknet) werden, mit verliebten Blicken von Zeit zu Zeit betrachtete? „Die Farbe wird mit Eiweiß angerührt“, erklärte er, als gehörte auch dies zu den Köstlichkeiten dieser Welt, zu jenen „sehr alten Dingen“, von denen er einmal im Zusammenhang mit Isaak Emanuilowitsch Babel geschrieben hatte:

„Wir wollten, dass in der neuen Welt auch für einige

sehr alte Dinge Platz wäre: für die Schönheit, die Liebe, die Kunst."

Eines dieser Fabeltiere – weiß-scharlach-schwarz getupft und mit großen goldenen Hörnern – steht seit fünf Jahren auf dem kostbaren Kästchen, das einst Tante Karoline gehörte: Tante Karoline, die im Herbst des Jahres 1942 in einem KZ ihren qualvollen Tod starb. Ilja Grigorjewitsch Ehrenburg schenkte es mir zur Erinnerung, nachdem ich ihm ohne Chuzpe und in ehrlichem Ernst beim Abschied sagte, ich würde zu gerne entweder „diesen Ehrenburg" auf der Staffelei, von Marc Chagall gemalt, mit auf die Reise nehmen – oder „jenen Ilja", von Pablo Picasso gezeichnet und mit der Widmung versehen: „pour Toi mon ami".

Der Cicerone von Samarkand

Geschrieben am 8. September 1962/Überarbeitet am 17. August 1965

Marcus Tullius Cicero, das lateinische Schlafmittel der Studenten von Tokio bis Kapstadt und von Philadelphia bis Buenos Aires, Marcus Tullius Cicero, der moralisierende Egoist, der leidenschaftliche Advokat, der philosophierende Pfuscher: Marcus Tullius Cicero hat wenigstens und immerhin die moderne lateinische Prosa geschaffen. Wir wollen ihm das nicht vergessen!

Mein Cicerone – bei 43 Grad im Schatten die ganze pralle Sonne suchend wie Wachab, mein Freund, eine Wassermelone –, mein Cicerone zeigt nur als Moralist, nur als Advokat, nur als Philosoph auf Tamerlan und Bibi-Chanum, auf Schirin-Beka-Aka und Turkan-Aka, auf Kussam ben Abbas und Tuglutekim, auf Muchammed Sultan und Ulug-Beg, auf Abd-al-Latif und Abu-Said. Mein Cicerone, kein Lamaist, sondern usbekischer Anhänger der Lehren von Marx und Lenin, lässt mich auf weniger wunderbare als peinliche Weise ahnen: So also könnte eine fleischgewordene Gebetsmühle aussehen. Nur dass an Stelle der Gebete in diesem Kopf bei der jeder Bewegung Zahlen und Zitate herumgewirbelt werden: Ziffern und Aussprüche, die mein Cicerone auf Wachab, den usbekischen Freund, Jan, den Moskauer Germanisten, und mich herniederprasseln lässt – und was hätten wir doch für zehn Minuten Regen gegeben!

„Dschengis-Chan – Temudschien – überstieg die chinesische Mauer ...“

Ich flüstere Jan, der mir solches kundzutun die feigensüße Pflicht hat, ins Ohr: „Weiß ich, weiß ich!“

„Gedungene Verräter öffneten ihm die Tore des alten Samarkands ... Samarkand, die Herrliche, ging mit allen Schätzen der Kunst und Wissenschaft in Flammen auf ... Dschengis-Chan starb im Jahre 1227 ...“

Jan wischt sich Schweißtropfen von der Stirn. „Und wenn's 1228 gewesen wär'“, sagt er, „er könnte uns das alles in der Tschaichana, im Teehaus von Samarkand, erzählen!“

Mein Cicerone schwitzt nicht. Was sind schon 43 Grad im Schatten, wenn man (sagen wir: bei 60 Grad) in der Sonne Ulug-Begs, eines Enkels von Tamerlan, steht. Mein Cicerone weist mit gestreckter Hand auf das unter uns liegende Märchen aus Marmor und Majolika, Säulen und Kuppeln.

„Timur-i-lenk, ein Nachkomme Dschengis-Chans, riss 1370 die Macht an sich und baute Samarkand wieder auf –“

„Wenn er uns nicht bald etwas zu trinken gibt, Jan, falle ich um!“

„Timur hinkte von Jugend auf, sein rechter Arm war gelähmt –“

„Sag ihm, Jan, dass wir das schon wissen!“

„Doch war Timur trotz seiner Gebresten ein hervorragender Reiter und Bogenschütze ...“

„Wie soll ich ihm das sagen?“ stöhnt Jan, „wo er doch so stolz ist auf uns beide, auf seinen Timur und seine Feldzüge!“

Im Hotel Samarkand gibt es einen Duschraum. Wir müssten nur „unseren“ SIM unterhalb dieses Lehmhügels besteigen –

„Timur verließ an der Spitze seiner Krieger Herrschersitz und Lieblingsfrau, um die Völker – von Chinas Mauer bis zum Mittelmeer – zu unterwerfen ...“ In den geröteten Augen des bislang leidenschaftslosen Mannes ist für eine Sekunde ein Leuchten. Verse erscheinen am glühenden Firmament, Li-tai-pe ...

Soldaten liegen tot auf des Palastes Stufen.
Es mag der tote General die Toten rufen.
So sei verflucht der Krieg! Verflucht das Werk der Waffen!
Es hat der Weise nichts mit ihrem Wahn zu schaffen.

Jan flüstert: „Ich glaube fast, er stammt von Tamerlan ab ...“

„Hier hatte Ulug-Beg, ein Enkel Timur-i-lenks, ein Observatorium errichtet ... Der Quadrant wurde vor einigen Jahren, dank der Tüchtigkeit des sowjetischen Arbeiter- und Bauernstaates, ausgegraben!“

In diesem Augenblick gleichen sich die Gesichter meines Cicerone und meines Freundes Jan Genrichowitsch. Das Lächeln vergeht mir unter den ernsten Blicken meiner Beschützer. Freunde, ich bin bereit, auszurufen: „Cicerone – Jan Genrichowitsch: verzeiht!“

Und dann sind wir doch noch abgefahren: Ins Zentrum von Samarkand.

„Was unser Freund hier bewundert, ist die Registan-Medresse Ulugbjeka aus dem Jahre 1420 ... Und dort die Medresse Till-Kari: Erbaut zwischen 1646 und 1660

... Till-Kari bedeutet „mit Gold überzogen“ ... Damals, zwischen 1646 und 1660 –“

Beim Anblick dieser marmorbelegten, mosaikengeschmückten, goldglitzernden Pracht lehne ich mich, meine usbekische Kopfbedeckung verlierend, an Jan Genrichowitsch: „Trotz Tjubiteika werde ich nun das Opfer eines Hitzschlags werden!“

Jan fächelt mir Hoffnung zu: „In zwei Stunden werden wir bestimmt am Ende der Timuriden-Geschichte angelangt sein. Was sind schon zwei Stunden im Leben eines Humboldt-Verehrers!“

„Wir gehen nun zur Grabmoschee Gur-Emir hinüber. Timur hat sie zu Ehren seines Enkels Muchammed Sultan errichtet. Doch auch Muchammed starb ihm auf einem seiner Kriegszüge weg ...“

In den entzündeten Augen meines Cicerone glimmt Trauer: Trauer, die ich diesem zahlenversessenen Genossen gar nicht zugetraut haben würde.

So trauert er noch immer um Muchammed Sultan, denke ich gerührt.

Mein Cicerone spricht russisch. Wie bin ich so glücklich, dass er nicht in usbekischer Sprache alle diese Raubzüge, Liebesleidenschaften, Küsse durch Schleier und Stöße ins Herz schildert. Nein, dieser Gedanke bei 60 Grad auf den Fliesen im Hof von Gur-Emir: Wachab Rusimatow, mein usbekischer Kollege, müsste das alles Jan Genrichowitsch erzählen ... Jan müsste es mir begreiflich machen ... Was bin ich ihm so dankbar, meinem Cicerone, dass er russisch spricht!

Aus der Sonnenkuppel singen alle bösen Geister den Gesang vom Jüngsten Gericht. „Ich will die Almosensteuer entrichten“, gelobe ich, „im Ramadan fasten, zur Kaaba pilgern im kommenden Jahr, wenn Du, Allah, meinen Cicerone erleuchtest: Wenn Du ihm eingibst, er möge mit Wachab, Jan Genrichowitsch und Siegfried Maxowitsch ins Innere der Gur-Emir-Grabmoschee gehen!“

Keiner hat mich gehört. Um so erstaunter bin ich, da Jan mit der letzten Kraft ein Lächeln leistet:

„Unser Freund lässt dir sagen, es ließe sich auch in der Kühle des Grabgewölbes über Timurs Lieblingsfrau und seine Enkel berichten; wie denkst du darüber?“

Fast hätte ich mich auf Tamerlans Sarkophag gesetzt. Nur der Gedanke an die Treue meines Cicerone zu seinem Timur-i-lenk hält mich noch davor zurück. Als er mir aber dann bestellen lässt, er selbst, er höchst persönlich sei ein Nachfahr des großen Reiters und Bogenschützen (vom Auspeitscher hat er nicht gesprochen), da schaue ich ihm mit hoffentlich erkennbarer Ehrfurcht in die stolzen, endzündeten Augen.

Bei Allah und Lenin! Was haben mir die Freunde in Usbekistan für einen Cicerone ans Herz gelegt! Ich hatte mit einer Art Salzburger Fremdenführer gerechnet – und sie gaben mir einen direkten Nachkommen des kunstsinnigen, brandschatzenden Herrn Tamerlan. Gedankt sei ihnen, den Freunden im sonn- und legendendurchwobenen Samarkand, für dieses Übersoll an Gastfreundschaft. Dieser Mann, der einzige in meinem bisherigen Leben, wäre imstande gewesen, mich zu Allah oder Lenin zu bekehren: Unter der Androhung, dass er mir auf den glühenden Fliesen im Hof von Gur-Emir noch eine Geschichte von Bibi-Chanum, der Lieblingsfrau Timurs, noch eine Kriegslist von Muchammed Sultan, noch eine Erfahrung von Ulug-Beg erzählen müsste, falls ... Er hat es nur nicht gewusst, mein Cicerone. Schade. Nun ist noch immer eine Seele verloren: Für Allah – für Lenin.

In jener Nacht träumte ich von gedrungenen Verrätern, hinkenden Bogenschützen und Lieblingsfrauen vieler

Tamerlans. In jener Nacht geleitete mich ein wohlbeleibter Mann mit stark geröteten Augen durch die Paläste von Schachi-Sinda. Und als ich „Siegfried Maxowitsch!" rufen hörte, versteckte ich mich in einer majolikagekachelten Ecke ... und kam erst wieder zum Vorschein, als der stattliche Mann, der mit einem Auge zu Allah und mit dem andern zu Lenin aufsah, in der schwarzen SIM-Limousine in einer gelben Staubwolke verschwunden war.

Wachab lädt mich in seinen Augapfel ein …

Mannheim, 14. August 1962

Flüsse liegen zwischen uns. Wälder. Grenzmauern. Städte liegen zwischen uns. Dörfer. Steppen. Das Schwarze Meer liegt zwischen uns. Das Kaspische Meer. Der Aral-See. Viertausend Kilometer liegen zwischen uns: zwischen dir, Wachab Rusimatow, und mir. Doch mein Herz, Wachab, schaukelnd in der Wiege des Todes, hin und her, hin und her – mein Herz schlägt neben deinem wie damals … damals in der goldglühenden Stunde zwischen Tag und Nacht. Es war im Freilicht-Theater zu Taschkent. Auf der Bühne zupfte einer das Rubab, ein anderer das Taar; ein dritter spielte auf dem Tschang, ein vierter blies das Nai und ein fünfter schlug das Doira, im Volksmund Tschildrma genannt; ein sechster strich mit dem Bogen das Gidschak, ein siebenter zupfte das zweisaitige Dutar und ein achter übertraf sich im Spiel des Chairak. Damals, Wachab Rusimatov, sang der usbekische Jude Aminow eines der schönsten Liebeslieder, die ich je in meinem Leben vernommen. Du übersetztest vom Usbekischen ins Russische. Jan, mein

Freund und Begleiter, übertrug vom Russischen ins Deutsche. Und ich hielt in meinem Tagebuch fest:

„Ich bin so arm,
so ganz ohne Rat:
Wohin –
wohin soll ich dich bitten?
In meinen Augapfel
möcht‘ ich dich einladen,
mit dem Zaun meiner Wimpern
dich schützen …“

Wahrscheinlich hat Ogachi aus Choresem, ein uralter usbekischer Dichter, dieses Lied geformt. Wahrscheinlich … Ogachi aus Choresem? Oder du – Wachab aus Taschkent? Du, Wachab, der du nun in der Stunde der versinkenden Sonne auf der Schaukel meines Herzens schaukelst: neben mir, neben mir … Zwischen Leben und Tod … Zwischen Leben und Tod…

Ich bin so arm, Wachab, seit ich euch verließ, dich und das Spiel auf dem Gidschak; ich bin ganz ohne Rat, Wachab, seit ich Asias Augen nicht mehr beschützen darf. Asia, die kleine Jüdin aus Duschanbe, ich wollt‘ sie einladen in meinen Augapfel. Ich seh‘ dich lächeln, Wachab … Lächeln wie damals, als der Rabbi Jizchok

Kogan in Taschkent dich rügte, weil du ohne Kopfbedeckung in die Synagoge gekommen warst – wir mussten ihm damals erklären, Wachab, du in deiner Muttersprache und ich auf Jiddisch, dass du ein „Ungläubiger“ bist und der Sohn eines frommen Muselmanen dazu. Auch Jizchok Kogan mit dem großen Tallit und dem langen silbernen Bart lachte. Und die Sabbatleuchter brannten vor der Bundeslade. Damals in Taschkent.

Der Rabbi hatte dich mit einem großen Blick in seinen Augapfel eingeladen. Er hatte dich umarmt, Wachab Rusimatow. Und es war dir ein wenig zum Weinen. Der Schalk, bunt wie die Atlas-Kleider in Samarkand, schwand aus deinen Augen. Ich hab es gesehen, Wachab! Und du warst so ganz ohne Rat. Wohin solltest du den Rabbi einladen? In deinen Augapfel? In deinen Augapfel! Mit dem Zaun deiner Wimpern wolltest du ihn schützen: ihn, Jizchok Kogan in der Uliza Tschempion.

Und nun liegen Wälder zwischen uns. Grenzmauern. Das Schwarze Meer. Das Kaspische Meer. Der Aral-See. Und ich bin so arm, Wachab Rusimatow, weil ich den Schmerz, das Heimweh nach dir, nach deinen dunklen Augen, nach den Gesprächen über Pfirsiche und Wassermelonen nicht zerdrücken kann in meinem Herzen.

Haben wir uns nicht versprochen, Wachab, dass wir einmal in der Woche nächstens einen Stern uns aussuchen wollen, einen den wir Wachab Maxowitsch taufen und Siegfried Maxowitsch ... Es ist Nacht geworden, Wachab. Nacht in meiner Stadt. Nun bin ich an der Reihe. Ich werde mir einen Stern vom Himmel heruntersehnen. Und werde ihn Wachab nennen. Und dann werde ich Musik hören – Musik aus Taschkent und Samarkand, Musik aus Duschanbe und Buchara. Und leise werde ich Ogachi aus Choresem zitieren:

> Ich bin so arm,
> so ganz ohne Rat;
> Wohin –
> wohin soll ich dich bitten?
> In meinen Augapfel
> möcht‘ ich dich einladen,
> mit dem Zaun meiner Wimpern
> dich schützen ...

Lotussamen mit Versen

Mittagessen im Hotel Peking zu Moskau: 4. August 1962

Bouillon mit Tintenfischkaviar und Omelett (was nicht auf der Karte stand, war der Pfeffer obendrauf ...); schmeckte wie diese Strophe des ersten „engagierten“ Lyrikers der Weltliteratur Bo Dschü-I (772-846):

Zur Küche steigt hinunter sie am dritten Tag.
 Sie wäscht die Hände sich, um eine Suppe anzurühren;
 Weiß nicht, ob sie der Schwiegermutter schmecken mag,
 Und lässt zunächst die kleine Schwägerin probieren.

Lendenstück mit „Sjangu“-Pilzen, Bambustrieben und „Huan-Hua“-Blüten; schmeckte wie die Strophe von Wang-Giän:

> Von Essen satt, fühlt sich das Herz beglückt,
> durch Wein bewegt, erheitert sich der Geist.
> Im Süden herrscht dieses Jahr Dürre,
> und Menschen essen dort Menschenfleisch.

Lotussamen in Karamelle und Sesam; schmeckten wie die beiden Strophen des Wang Tschang-Ling:

Die Blätter des Lotus, die losen Kleider
sind von einem Grün;
Wasserrosen und Mädchengesichter
neigen sich, blühn,

Bleiben verborgen
auf dem bunt-verworrenen Teich.
Erst als ihr Lied erklingt,
siehst du sie treiben.

Die Speisekarte des Peking spricht in fünf Sprachen zu meinem Gaumen:

In Russisch, Chinesisch, Englisch, Deutsch und Französisch.

Heiß und zäh kleben die Lotussamen in Karamelle und Sesam zwischen meinen brüchigen Zähnen. Ich hole zum siebenten Mal an diesem Tage die Zeilen aus der Tasche, die verliebten Zeilen Ilonkas. ... Mannheim, Ende Juli 1962 ... Ein Liebeslied Heines ist eingestreut.

Ich muss lächeln. Im Peking. Zu Moskau. Um den Stil nicht zu verraten, rezitiere ich Li-tai-pe:

> Wolke Kleid
> Und Blume ihr Gesicht.
> Wohlgerüche wehn,
> Verliebter Frühling!
> Wird sie auf dem Berge stehn,
> wage ich den Aufstieg nicht.
> Wenn sie sich dem Monde weiht,
> bin ich weit,
> Verliebter Frühling ...

Der Gruß Abdullah Chadirows

Abdullah Chadirow mit der Tjubiteika auf dem Kopf, Abdullah Chadirow aus dem Kolchos „Leningrad“ bei Taschkent hat mir, dem Gast aus dem fernen Deutschland, eine Wassermelone mit scharlachenem Fruchtfleisch geschenkt. Er hat sich verneigt, die Rechte aufs Herz gelegt und unhörbar gesagt:

„Ich nehme Sie in meinem Herzen auf!“

Ich habe Abdullah Chadirow gedankt, habe die Rechte auf mein Herz gelegt und unhörbar gesagt:

„Ich nehme dich, Abdullah Chadirow, in meinem Herzen auf!“

Abdullah trägt eine Tjubiteika. Und Siegfried trägt eine Tjubiteika. Abdullah lächelt, wenn Sanaf, sein kleiner Sohn, am Abend schlafend im Arm der Mutter liegt. Und Siegfried sieht in Gedanken diesem seligen Idyll zu. Er will Abdullah nicht aus seinem Frieden aufschrecken – will Abdullah mit den Wassermelonen nicht sagen, dass man im Lande der Germanen noch immer die Finger an die Mütze zackt, was „Achtung!“ heißt und „Marschiert!“ …

Abdullah Chadirow grüßt mit dem uralten Gruß:

„Ich nehme Sie in meinem Herzen auf!“

In seiner Literatur sind Herz und Taube sehr oft ein und dasselbe. In der Literatur der Germanen reimen sich immer wieder Rot und Tod. Auch Blut und Mut sind beliebte Reime in der „volkhaften“ Dichtung zwischen Nord- und Bodensee.

Abdullah Chadirow verneigt sich und sagt unhörbar:

„Ich nehme Sie in meinem Herzen auf!“

Das Fruchtfleisch der Wassermelone ist ihm kostbar; schrecklich ist ihm der Krieg. Er kennt keinen Feind. Und wenn einer den kleinen schlafenden Sanaf im Arm der Mutter tötet, so ist dieser in seinen Augen kein Mensch. Abdullah Chadirow: großer Mensch mit dem Glauben an die Taube und den Himmel in Sanafs Traum – ich grüße dich!

„Ich nehme dich, Abdullah, in meinen Herzen auf.“

Borodins Sterne ...

„Dmitri Donskoi“, der russische Besieger der Mongolen in der Schlacht am Don, hat unter seiner Feder noch einmal gekämpft; „Sterne über Samarkand“ erzählen vom „lahmen Tamerlan“, strahlen auf das „alte Samarkand“ herab. Sergej Petrowitsch Borodin ist der Dichter, durch den Timur und Bibi-Chanum weiterleben. Er ist der in die Madresse, in das Mausoleum, in den Nephrit-Sarkophag, in den Wüstensand, in die Oase, in das zweisaitige Dutar, in Pfirsich und Traube, in Atlasseide und schwarze Augen Verliebte. Dieser Sergej Petrowitsch Borodin kam 1902 in Moskau zur Welt. 1923 sah er zum ersten Mal Usbekistan. Seit 1950 lebt er ohne Unterbruch in Usbekistan. Seine um viele Jahre jüngere Frau, eine Usbekin von strahlender und zugleich sanfter Schönheit, geht mit ihm durch das alte Samarkand, an der Seite des „lahmen Tamerlan“ und der zu zahllosen Legenden verleitenden Bibi-Chanum.

Sergej Petrowitsch Borodin hat mir in Taschkent eine Traube gereicht: ihre Süße war so groß wie ihre Schönheit. Ich schenkte ihm dafür einen Vers. Und er gab mir alle „Sterne über Samarkand“. Ich werde immer in seiner Schuld sein. Weise vermag er darüber zu lächeln.

Seinem Gesicht bin schon einmal begegnet: in den Versen Li-tai-pes, in der Thora, auf den Saiten, die Hafis anschlug. Sergej Petrowitsch Borodin: ein blinzelnder, gütiger, heller Stern über Samarkand – ich habe ihn leuchten sehn. Und die Stunde, da er sich mir offenbarte, gehört zu den Sternstunden in meinem Leben.

Leningrad, November

Zur Erinnerung an Leningrad, die Newa, die Admiralität, das Winterpalais und die Eremitage:

I.

Diese Nacht ohne Senklot –: Wozu hab ich ihre Tiefe überbaut?

Diese Nacht ohne Anker –: Welcher Woge hast du Muscheln anvertraut?

Diese Nacht ohne Wächter –:
Wozu haben wir den Sterndieb fortgejagt?

Diese Nacht ohne Urteil –:
Wozu hast du Fluchtgedanken dir versagt?

II.

Dieser Mond ohne Locke –:
Wozu schleif‘ ich meine Schere diese Nacht?

Dieser Mond ohne Lippe –:
Wozu hast du Honigkuchen mir gebracht?

Dieser Mond ohne Auge –:
Wozu haben wir das Feuer angefacht?

Dieser Mond ohne Schicksal –: Wozu hab ich Wort und Weinen überdacht?

Samarkand

… und der Rabbi Jizchok Kogan,
ängstlich, Hände ringend –
mir auf Jiddisch zu verschweigen,
dass der Judenhass nicht starb.

Samarkand – Samowar –
Glitzerschild Timurs
funkelt durch
den Fiebertraum:
Und im Schutz
sehe ich noch
aus Nephrit
Sarkophag
des Tyrannen.